BEI GRIN MACHT SICH IHR WISSEN BEZAHLT

AF136030

- Wir veröffentlichen Ihre Hausarbeit, Bachelor- und Masterarbeit

- Ihr eigenes eBook und Buch - weltweit in allen wichtigen Shops

- Verdienen Sie an jedem Verkauf

Jetzt bei www.GRIN.com hochladen und kostenlos publizieren

Bibliografische Information der Deutschen Nationalbibliothek:

Die Deutsche Bibliothek verzeichnet diese Publikation in der Deutschen National-
bibliografie; detaillierte bibliografische Daten sind im Internet über http://dnb.d-
nb.de/ abrufbar.

Impressum:

Copyright © 2020 GRIN Verlag
Druck und Bindung: Books on Demand GmbH, Norderstedt Germany
ISBN: 9783346216465

Dieses Buch bei GRIN:

https://www.grin.com/document/888927

Anonym

Preiselastizität, Corporate Identity und strategische Analysemethoden. Ein Best-Practise-Beispiel

GRIN Verlag

GRIN - Your knowledge has value

Der GRIN Verlag publiziert seit 1998 wissenschaftliche Arbeiten von Studenten, Hochschullehrern und anderen Akademikern als eBook und gedrucktes Buch. Die Verlagswebsite www.grin.com ist die ideale Plattform zur Veröffentlichung von Hausarbeiten, Abschlussarbeiten, wissenschaftlichen Aufsätzen, Dissertationen und Fachbüchern.

Besuchen Sie uns im Internet:

http://www.grin.com/

http://www.facebook.com/grincom

http://www.twitter.com/grin_com

Deutsche Hochschule für

Prävention und Gesundheitsmanagement

Hermann Neuberger Sportschule 3

66123 Saarbrücken

Einsendeaufgabe

Fachmodul: Marketing II

Studiengang: BFÖ

Inhaltsverzeichnis

1 Preismanagement und Kooperationen

1.1 Kostenorientierte Preisbildung

Mit Hilfe der Kostenzuschlagskalkulation wird der Preis ermittelt. Hierzu werden die errechneten Anschaffungs- bzw. Herstellungskosten des Produktes mit den branchenüblichen bzw. mit einem gewünschten Gewinnaufschlag addiert.

Fixe Kosten: 850.000,00€ /Jahr ergibt 70.833,33€ /Monat

Mitglieder: 2.400

Variable Kosten: 14,50€ /Person/ Monat

Gewinnzuschlag: 15%

Zuschlagsverfahren:

$$Stückkosten = variable\ Kosten + \frac{fixe\ Kosten}{Absatzmenge}$$

$$Stückkosten = 14,50€ + \left(\frac{70.833,33€}{2.400\ Mitglieder}\right)$$

$$Stückkosten = 44,01€$$

Gewinnzuschlag: 44,01€ x 0,15 = 6,6015€

Preis mit Gewinnaufschlag: 44,01€ + 6,015€ = 50,61€

Mitgliedsbeitrag brutto: 50,61€ x 1,19 = 60,23€

→ Der endgültige Mitgliedsbeitrag beträgt 60,23€ brutto pro Monat.

1.2 Konkurrenzorientierte Preisbildung

Die konkurrenzorientierte Preisbildung richtet sich nach den Preisen der Konkurrenz. Hierbei unterscheidet man zwischen zwei Formen der konkurrenzorientierte Preisbildung. Zum einen die Preisbildung durch die Orientierung an Marktpreisen und zum anderen die Preisbildung in öffentlichen Ausschreibungen. Bei dem Unternehmen Premium Health Ltd. findet die Preisbildung durch die Orientierung am Marktpreis statt. Hierbei richet man sich entweder nach dem Preisführer oder dem Branchenpreis. Da sich das Unternehmen durch eine hohe Service- und Dienstleistung auszeichnet, wird trotz der niedrigen Mitgliedsbeiträge der Konkurrenz, von einem Preisnachlass abgesehen. Die Kunden des Studios Premium Health Ltd. legen großen Wert auch den ausgezeichneten Service und fachkundiges Personal. Der Preis ist somit für viele Kunden ein Qualitätsmerkmal. Eine Preissenkung würde die Kunden verunsichern und das Vertrauen kann verloren gehen. Durch die Exklusivität und hervorragende Dienstleistung des Studios Premium Health Ltd., ist es in einem gehobenen Preissegment positioniert und sollte auch dort bestehen bleiben.

1.3 Psychologische Auswirkungen des Preises / Preisdifferenzierung

Das Angebot, welches der befreundete Unternehmensberater unterbreitet, ist einzuordnen in die sogenannte personelle Preisdifferenzierung. Diese zeichnet sich durch Personengruppen aus, denen unterschiedliche Preise z.b. Ermäßigungen angeboten werden können. In diesem Fall bilden sich die Personengruppen aus den Senioren und Schülern.

Die Psychologische Auswirkung des Preises auf den Konsumenten ist, in dem Fall des extrem günstigen Angebots, eine eher negative. Preise gelten für viele Kunden als Qualitätsindikator, welcher das angebotene Produkt als etwas Besonderes und Hochwertiges darstellt (Kotler & Bliemel, 2006, S. 848). Insbesondere gilt dies für den Dienstleistungsbereich des Fitness-Clubs, in dem die volle Qualität bei Vertragsabschluss nicht erfassbar ist. Dementsprechend ist es nicht empfehlenswert dem Angebot nachzugehen, da die Konsumenten einen bestimmten Grundpreis für ihr Vertrauen benötigen.

Eine weitere Form der Preisdifferenzierung, die für das Unternehmen Premium Health Ltd. sinnvoll ist, ist die der mengenmäßigen Preisdifferenzierung. Hierdurch sollen vordergründig Kooperationen mit Firmen aufgestellt werden bei denen, mittels Rahmenverträgen, für die Arbeitnehmer Firmenrabatte gewährt werden. Dies erhöht den Bekanntheitsgrad des Unternehmens und sorgt für Neukunden aus den Firmen der Kooperationspartner.

1.4 Preiselastizität der Nachfrage

Preiselastizität der Nachfrage:

$$(e) = \frac{\text{Änderung der Menge in \%}}{\text{Änderung des Preises in \%}}$$

Prozentuale Veränderung des Preises:

54,99 € = 100,00 %

60,99 € = 110,91 %

→ Die Prozentuale Änderung des Preises beträgt 10,91 %.

Prozentuale Veränderung der Nachfragemenge:

2200 Mitglieder = 100,00 %

2000 Mitglieder = 90,91 %

→ Aufgrund der Preiserhöhung wird eine Nachfragerückgang von 9,09 % erwartet.

Preiselastizität der Nachfrage:

$$(e) = \frac{9,09\,\%}{10,91\,\%} = 0,83$$

Da die Preiselastizität der Nachfrage unter dem Wert 1 liegt, handelt es sich um eine unelastische Nachfrage. Für das Unternehmen Premium Health Ltd. lohnt es sich den Preis zu erhöhen, da die Preisänderung lediglich zu einer geringen Veränderung der Nachfrage führt. Der Rückgang von derzeitigen Mitgliedern macht somit Platz für neue Kunden, welche bereit sind den höheren Beitrag zu zahlen.

2 Strategische Analysemethoden

2.1 Five-Forces-Modell

Das Five Forces-Modell nach Porter analysiert, wie attraktiv und rentabel ein Produkt oder eine Leistung für einen Markt ist. Somit spiegelt das Modell die Verhandlungsmacht eines Unternehmens wider. Dafür werden fünf Komponenten der Branchenstruktur, die sogenannten „Five Forces", untersucht (Bea & Haas, 2013, S. 99). Die Five Forces bestehen aus der:

- Verhandlungsmacht der Zulieferer
- Verhandlungsmacht der Kunden
- Bedrohung durch potenzielle Mitbewerber
- Bedrohung durch Ersatzprodukte
- Mitbewerber-Rivalität

Da es sich bei Freeletics um ein Training handelt, das auf einer App basiert, ist es kein physisches Produkt. Aus diesem Grund gibt es keinen Lieferanten oder Zulieferer, was Freeletics unabhängig von dieser Wettbewerbskraft macht.

Bedrohung durch potentielle Mitbewerber: Diese können schnell zu einer Bedrohung werden, da die Barrieren für den Markteintritt in dieser Branche vergleichsweise gering sind, während der Markt aufgrund des Wachstums immer attraktiver wird. 2019 lag die Verteilung der Mitgliederstärksten Trainingsformen bei 11,09% im Bereich des Fitnesstrainings. Laut DSSV handelt es sich um einen Zuwachs von rund 4,5% im Vergleich zum Vorjahr (DSSV Arbeitgeberverband Deutscher Fitness- und Gesundheits-Anlagen, 2019). Das steigende Gesundheitsbewusstsein der Bevölkerung spiegelt sich in diesen Zahlen wider. Auch die Trainingsplanung findet zudem immer häufiger mittels des Smartphones statt.

Verhandlungsmacht der Kunden: Die Verhandlungsmacht der Kunden ist in diesem Fall sehr hoch. Apps können sehr schnell und leicht de- und installiert werden, wenn der Konsument keinen Gefallen an ihnen findet. Die Auswahl der kostenlosen Produkte ist beträchtlich, was die Zahlungsbereitschaft heruntersetzt und Preisempfindlichkeit erhöht.

Das Resultat aus diesen Faktoren ist, dass Freeletics gegenüber den Konsumenten keine Verhandlungsstärke aufweisen kann.

Bedrohung durch Ersatzprodukte: Ersatzprodukte existieren mit den heutigen technischen Fortschritten in Massen. Gymondo, Runtastic etc. stellen Alternativprogramme zu der App dar. Freeletics grenzt sich jedoch durch einen breit aufgestellte Produktpalette ab; u. a. mit Freeletics Nutrition, Freeletics Running, Freeletics Training Coach oder Freeletics Gym und versucht eine möglichst große Zielgruppe anzusprechen. Auf diese Art versucht das Unternehmen die Bedrohung durch Ersatzprodukte möglichst gering zu halten. Der Personaltrainer kann ebenfalls als Ersatzprodukt gewertet werden, der mit seiner individuellen Betreuung und Motivation punktet. In einem solchen Szenario ist der Kunde jedoch zeitlich gebunden und kann das Training nicht spontan durchführen.

Mitbewerber-Rivalität: Durch das stetige Wachstum der Fitnessbranche, existieren mehr und mehr Mitbewerber auf dem Markt. Der bisweilen größte Konkurrent von Freeletics, stellt die App adidas Running by Runtastic dar. Während Freeletics 2020 eine Nutzerzahl von ca. 36 Mio. Mitgliedern verzeichnete (Freeletics GmbH, 2019), sind es bei Runtastic ca. 149Mio. registrierte Nutzer (Runtastic GmbH, 2020). Der hohe Wettbewerb resultiert daraus, dass sich die Fitness-Apps wenig voneinander unterscheiden und es kaum Austrittsbarrieren gibt.

2.2 Durchführung einer SWOT-Analyse

Es folgen Darstellungen einer SWOT-Analyse in Bezug auf Freeletics GmbH. Bei einer SWOT-Analyse werden Stärken, Schwächen, Chancen und Risiken eines Unternehmens analysiert (Kotler, Keller, & Opresnik, 2015, S. 62-63).

Tab. 1: Beispielhafte Stärken und Schwächen von Freeletics GmbH

Stärken	Schwächen
• Weltweite Verbreitung und Zugriffsmöglichkeit auf die App • Marktführerschaft • Beträchtliche Nutzerzahl (Freeletics GmbH, 2020) • Unkomplizierte Nutzung da keine Zeitbindung an einen Trainer oder Öffnungszeiten/ Überall anwendbar • Umfangreiches Angebot (Ernährungspläne, Training etc.)	• Keine individuelle Anamnese/ Erfassung von Kontraindikationen des Nutzers • Keine Kontrolle und Korrektur der Trainingsqualität • Kein Motivator • Keine Möglichkeit der genauen Zielformulierung (Inhalt, Ausmaß, Zeit) • Relativ hoher Preis (Freeletics GmbH, 2020)

Tab. 2: Beispielhafte Chancen und Risiken von Freeletics GmbH

Chancen	Risiken
• Steigendes Gesundheitsbewusstsein der Bevölkerung/ Trend zu Gesundheit und Fitness • Technologische Entwicklung/ Digitalisierung • Attraktivitätsverlust von Fitnessstudios & Personal Trainern und höhere Nachfrage nach Fitness Apps (Statista, 2019)	• Innovation durch Wettbewerber • Preissensibilität der Verbraucher durch viele kostenfreie Alternativen • Demographischer Wandel führt zu weniger Smartphone-Nutzern durch älteren Menschen

2.3 Erstellung einer SWOT-Matrix

Tab. 3: SWOT-Matrix für Freeletics GmbH

	Chancen (Opportunities)	Risiken (Threats)
Stärken (Strenght)	*S-O-Strategie* • Werben mit zeitlicher und örtlicher Unabhängigkeit gegenüber Studios und Trainern • Das umfangreiche Angebot (Ernährung, Training) untereinander vernetzen dank des technischen Fortschritts (z.B. Ernährungstagebuch/ Kalorienzähler mit Trainingsaktivität verrechnen oder passende Mahlzeiten für Trainings oder Trainingsfreie Tage)	*S-T-Strategie* • Preisvergleich und Zeitersparnis gegenüber Fitnessstudiobesuch hervorheben • Bekanntheitsgrad nutzen um sich von der Konkurrenz abzuheben (Bekanntes gibt den Leute Sicherheit)
Schwächen (Weaknesses)	*W-O-Strategie* • Zu Beginn eine Anamnese mit Gesundheitsfragen einführen, die mit Hilfe eines Algorithmus einen Trainingsplan mit bedachten Kontraindizierten Übungen zu erstellen • Zusätzliche gesundheitsorientierte Programme einführen um das Preis-/ Leistungsverhältnis zu verbessern und die Monatsbeiträge angemessen wirken zu lassen	*W-T-Strategie* • Vernetzungsmöglichkeit zwischen Freunden verbessern um die App durch Kundenwerbung zu verbreiten und die Motivation zu verstärken, da man durch gleichgesinnte angefeuert wird • Wettbewerbsvorteil gegenüber Konkurrenten durch technisch verbesserte Anamnese zu Beginn

2.4 BDG-Portfolio und Produktlebenszyklus

Die Portfolio-Analyse der Boston Consulting Group (BCG) ist eine Vier-Felder-Matrix, welche die strategischen Geschäftseinheiten (SGE) nach relativem Marktanteil und -wachstum einordnet (Weiß, 2012, S. 135 ff.).

Fitness-Apps befinden sich allgemein im BCG-Portfolio im Bereich der „Cash Cows".

Im App-Store nimmt die Kategorie Gesundheit und Fitness, in welche Freeletics einzuordnen ist, einen Anteil des Marktes von 3% ein (Statista, 2020).

Das Wachstum dieses Marktes ist als niedrig einzuschätzen. Im Vergleich zum Februar des Vorjahres, sank die Anzahl der Apps dieser Kategorie von 3,5 auf 2,5 Mio. (Statista, 2020).

Der Produktlebenszyklus von Freeletics hat bereits die Entwicklungs- und Einführungsphasen durchlaufen und befindet sich nun in der Wachstumsphase. Dafür spricht die steigende Nachfrage an Fitness-Apps und steigende Absatz- sowie Umsatzmengen. Des Weiteren hat Freeletics vor nicht allzu langer Zeit neue Produktvariationen auf den Markt gebracht, wie z.B. Freeletics Gym und Freeletics Bodyweight was ein typtisches Merkmal für die Phase des Wachstums darstellt (Weis, 2012, S. 277-278). Auch mit neuen Investoren sind Projekte geplant, die mehrere Millionen Euro ins Wachstum des Unternehmens investieren (Freeletics GmbH, 2018).

Ein Unterschied zu dem idealtypischen Produktlebenszyklus ist bei Freeletics in der Entwicklungsphase zu erkennen. Zu Beginn sind bei Freeletics keine hohen Kosten für Forschung und Entwicklung angefallen, weswegen die entstandenen Investitionskosten zügig amortisiert wurden (Kotler, Keller & Opresnik, 2015, S. 389). Dadurch wird der Break-Even-Point schnell erreicht.

2.5 Fazit

Die Schlussfolgerung für das eigene Unternehmen lautet, dass die Implementierung einer, auf das Unternehmen zugeschnittene Fitness-App, viel Potential verspricht. Vor allem bei den jungen, technikaffinen Kunden, wird die App zu Begeisterung führen.

Die SWOT-Analyse verdeutlicht das zukünftige Potential der Fitness-Apps. Um mögliche Risiken zu vermeiden, ist es wichtig, dass auf ein hohes Maß an Qualität geachtet wird. Besonders bei der Auswahl der Übungen für den Trainingsplan, sowie die Ausführung selbst. Ist dies nicht der Fall können bereits bestehende, zufrieden Kunden verunsichert werden.

In Hinblick auf das BCG-Portfolio ergibt die eigenständige Programmierung oder Kooperation mit einem bereits bestehenden Produkt ebenfalls Sinn.

Die Implementierung einer Fitness-App kann für das Unternehmen bei Beachtung von ein paar Voraussetzungen also eine große Bereicherung darstellen.

3 Corporate Identity, Digitalisierung und integrierte Kommunikation

3.1 Analyse eines Best-Practice-Beispiels

3.1.1 Corporate Identity

Die Corporate Identity (CI) bezeichnet die Darstellung und das Auftreten eines Unternehmens nach innen und nach außen (Birkigt & Stadler, 2002, S. 20 ff.; Meffert & Burmann, 1996, S. 23 ff.). Das Ziel der CI ist es zwischen der Erscheinung, Worte und Taten eines Unternehmens einen schlüssigen Zusammenhang herzustellen (Bruhn, 2005b, S. 97). Die Identität des Unternehmens soll kommuniziert, Vertrauen und Sympathie geschaffen und eine Profilierung des Unternehmens gegenüber der Umwelt erreicht werden.

Das Corporate Design (Erscheinungsbild), die Corporate Communication (Unternehmenskommunikation) und das Corporate Behaviour (Unternehmensverhalten) bilden die Teilbereiche der CI, die die Erreichung des Ziels unterstützen (Becker, 2013, S. 831).

Gründe für die Notwendigkeit einer neuen Ausrichtung der Corporate Identity sind beispielsweise:

- Eine Veränderung der Werte der Zielgruppe, sodass eine Anpassung notwendig ist (z.B. die steigende Bedeutung der Nachhaltigkeit)
- Eine wachsende Konkurrenz von der es sich abzuheben gilt
- Ein veraltetes Image
- Imageprobleme

Bei dem Unternehmen FRoSTA gibt es einige Anzeichen für eine Überarbeitung der Corporate Identity. Das wohl Offensichtlichste ist die Veränderung des Logos, um das Reinheitsgebot deutlicher zu kommunizieren. Zuzuordnen ist diese dem Teilbereich des Corporate Designs.

Ebenfalls diesem Bereich zuzuordnen ist die veränderte Architektur der Produktionsstätte, die durch eine Glaswand der Öffentlichkeit zugänglich gemacht wurde. Dies vermittelt den Verbrauchern, dass es keine Geheimnisse gebe.

Der Teilbereich der Corporate Communication spiegelt sich in der neue TV-Spot Gestaltung wider. Die Imageverbesserung durch die Betonung auf dem Reinheitsgebot aktiviert bestehende Kunden und lockt Neue an.

3.1.2 Digitalisierung und integrierte Kommunikation

Integrierte Kommunikation bezeichnet die „inhaltliche und formale Abstimmung aller Maßnahmen der Marktkommunikation (…), um die von der Kommunikation erzeugten Eindrücke zu vereinheitlichen und zu verstärken" (Esch, 2019, S. 914). Die hervorgerufenen Wirkungen durch die Kommunikationsmittel sollen sich gegenseitig unterstützen.

Nachdem das Unternehmen FRoSTA seine CI in Reaktion auf die Umsatzeinbrüche angepasst hat, war es wichtig die integrierte Kommunikation erfolgreich umzusetzen. Die neue Qualität nach dem Reinheitsgebot und die nachhaltige Verpackung, sowie die kontrollierte Herkunft der Produkte wurden sowohl im TV-Spot, als auch auf den Verpackungen, durch das veränderte Logo und auf dem Blog kommuniziert, was die Positionierung des Unternehmens verdeutlichen. Durch die zeitliche Stabilität und Konsistenz dieser Merkmale wurde das Image in den Köpfen der Zielgruppe verankert (Esch, 2019, S. 917). Den kontinuierlichen Wechsel zwischen der online und offline Kommunikation hat FRoSTA mittels des Blogs und der Rückverfolgbarkeit der Zutaten ebenfalls durch eine einheitliche Unternehmenskommunikation verbunden.

Die klar schematisierte Kommunikation führt zu einer starken Wahrnehmung, sodass beispielsweise das Reinheitsgebot auch durch einen flüchtigen Blick auf die Verpackung erkennbar ist (Esch, 2019, S. 919).

Die Kontinuität (Esch, 2019, S. 920 f.) des Konzepts der Nachhaltigkeit und des Umweltbewusstseins, zieht sich wie ein roter Faden durch die Unternehmensgeschichte FRoSTAs und sorgt zusätzlich für eine erfolgreich umgesetzte integrierte Kommunikation.

Die Änderung der digitalen Kommunikation birgt sowohl Chancen als auch Risiken. Zunächst einmal kann gesagt werden, dass das Kommunikationsverhalten von jüngeren und älteren Zielgruppen unterschiedlich ist, was das Unternehmen mit der neuen Ausrichtung berücksichtigen würde (Esch, 2019, S. 909). Durch die vielen möglichen Kommunikationskanäle und zahlreiche Smartphone Nutzung der jüngeren Zielgruppe ist es ein Leichtes diese auf das Unternehmen aufmerksam zu machen und ihr ein innovatives und fitnessorientiertes Bild zu vermitteln. Beispielsweise mit Hilfe von Influencern kann dies geschehen.

Jedoch birgt das Vorhaben auch einige Risiken. Die Kontinuität und Konsistenz können aufgrund der verschiedenen Angebote für die unterschiedlichen Zielgruppen getrennt voneinander entwickelt und genutzt werden. Da die ältere Zielgruppe zunehmend Bodenständigkeit und Vertrauenswürdigkeit bevorzugt, wird die junge Zielgruppe durch freche, Lifestyle-orientierte und innovative Werbung angezogen. Jedoch ist es nicht unwahrscheinlich, dass auch die junge Zielgruppe auf die Website stößt, die einen gegensätzlichen Aufbau zur Social Media-Werbung hat, sodass das Interesse verloren geht (Kreuzer, 2019, S.77). An dieser Stelle klafft das Unternehmensbild auseinander und verwässert. Es besteht große Gefahr, dass die Authentizität aufgrund der fehlenden Einheitlichkeit des Unternehmensauftritts über die Kanäle, verloren geht.

Somit sollte der Online Auftritt besser als ein großes Ganzes betrachtet werden und die Kommunikationsmaßnahmen mit Hilfe der CI und integrierten Kommunikation besser aufeinander abgestimmt sein.

3.2 Kommunikationsstrategie

Durch die zunehmende Marktsättigung liegt die bedeutsamste Aufgabe in der Differenzierung zu Konkurrenz. Diese Aussage wird dadurch untermauert, dass die heutige Gesellschaft unter einer Informationsüberlastung leidet. Lediglich 2% der Informationen werden tatsächlich aufgenommen. Das spricht, trotz des immer größer werdenden Gesundheitsbewusstseins der Bevölkerung, gegen den größtmöglichen Informationsinput.

Vielmehr sollte die Kundenbeziehung und das Vertrauen zur Marke durch das sogenannte Storytelling aufgebaut werden (Lammenett, 2017, S. 274). Geschichten, welche bestenfalls emotional gestaltet sind, bleiben dem Menschen viel besser im Gedächtnis als eine reine Informationsflut aus Fakten. Hilfreich dabei sind Medien, die von Usern häufig weiterempfohlen und auf social Media geteilt werden (Lammenett, 2017, S. 332) und somit Interaktion hergestellt werden kann. Auch hier ist die Wiederholung, wie im TV-Spot von FRoSTA das A und O.

Daher ist es nicht empfehlenswert die Idee des Chefs umzusetzen, da aus den oben genannten Gründen geschlussfolgert werden kann, dass dieses Konzept eine geringe Wirkung erzielen wird.

4 Marktfeldstrategien

Bei Unternehmen geht es immer um Vergrößerung von Marktanteilen, Steigerung der Absatzzahlen und natürlich Gewinnmaximierung. Als Hilfsmittel dient hier die von Professor Igor Ansoff entwickelte Produkt-Markt-Matrix, welche im strategischen Marketing eingesetzt wird um ein nachhaltiges Wachstum zu generieren. Die vier strategischen Optionen zur Erreichung des Wachstums sind die Marktdurchdringung, die Marktentwicklung, die Produktentwicklung und die Diversifikation (Meffert, Burmann & Kirchgeorg, 2015, S. 254). Diese stehen in Abhängigkeit zu bestehenden und neuen Märkten, sowie Produkten.

Bei der **Marktdurchdringung** möchte das Unternehmen den Absatz eines bereits bestehenden Produktes auf einem bereits bestehenden Markt erhöhen (Nieschlag, Dichtl & Hörschgen, 2002, S. 900). Die Strategie sieht vor, dass bestehende Kunden mehr kaufen, Kunden der Konkurrenz abgeworben werden und ganz neue Kunden geworben werden. Das Erlös-Kosten-Verhältnis soll verbessert werden. Dabei spielt eine aggressive Preispolitik eine große Rolle (Weis, 2012, S. 160). So soll das noch ungenutzte Potential des Marktes ausgeschöpft werden. Aufwand, Kosten und Risiko dieser Strategie sind sehr gering.

Das Unternehmen „SUPPmart" könnte beispielsweise mit Rabatten und Preissenkungen an bestimmten Tagen werben, wie geschenkten Versandkosten.

Die nächste Marktstrategie ist die **Produktentwicklung**. Auf einem bestehenden Markt soll ein neues Produkt eingeführt werden. Produktinnovation oder ein ganz neues Produkt sollen für einen höheren Absatz sorgen; das langfristige Wachstum fördern und den Marktanteil vergrößern. Die Produktpalette wird erweitert, wobei man auf Kundenwünsche eingeht und neue Technologien anwenden kann (Meffert & Burmann et al., 2015; Nieschlag et al., 2002, S. 901; Weis, 2012, S. 161). Kosten und Risiko dieser Strategie sind höher, da hier die Innovations- bzw. Entwicklungskosten dazukommen.

„SUPPmart" könnte neben den herkömmlichen Whey-Geschmackssorten außergewöhnliche, wie z.B. Hugo oder Waldmeister entwickeln. Oder eine Tiefkühlpizza und Döner mit viel Protein und wenig Kohlenhydraten sowie Fett.

Bei der Wachstumsstrategie **Marktentwicklung** wird mit bereits bestehenden Produkten auf neue Märkte gezielt. Denn durch die Erschließung neuer Märkte winken große Wachstumschancen. Dafür kann geographisch expandiert werden, Produkte können z.b. international angeboten werden. Oder man gewinnt neue Abnehmergruppen dazu z.b. Altersgruppen, die vorher nicht Abnehmer waren (Kotler & Bliemel, 2006, S. 146 f.; Weis, 2012, S. 120). Diese Strategie ist riskanter und kostenintensiver als die Strategie der Marktdurchdringung, da hier viel Marketing betrieben werden muss.

Das Unternehmen „SUPPmart", welches zuvor lediglich in Deutschland vertreten war, expandiert nun in die USA und Griechenland und verkauft dort die neuen Whey-Geschmacksrichtungen, sowie die Fertigessen mit einer fitnessorientierten Nährstoffverteilung. Die USA konsumieren die Produkte für einen etwas gehobeneren Preis als die Griechen.

Bei der vierten Wachstumsstrategie, der **Diversifikation**, geht es um die Einführung eines neuen Produkts auf einem neuen Markt. Mögliche Ziele neben der Umsatzsteigerung kann eine Risikostreuung sein, indem das Risiko von mehreren Produkten auf verschiedene Märkte geschultert wird. Zudem können mit dieser Strategie wieder neue Abnehmergruppen gewonnen werden und die Diversifikation kann auch als Investitionsstrategie genutzt werden. Das Risiko und die Investitionskosten sind hoch, da in Produktentwicklung und Erschließung eines neuen Marktes investiert werden muss. Dem gegenüber steht jedoch ein enormes Wachstumspotential.

Bei der Diversifikation wird zudem zwischen dem horizontalen, vertikalen und lateralen Typ unterschieden. Bei der horizontalen Diversifikation wird das Produktprogramm um ein weiteres Produkt erweitert welches in einem sachlichen Zusammenhang mit den anderen Produkten steht (Weis, 2012, S 255).

Die vertikale Diversifikation erweitert die Wertschöpfungskette des Unternehmens, entweder in Richtung Herstellung oder Absatz (Weis, 2012, S 256). Eigene Verkaufsläden eröffnen

Bei lateralen Diversifikationen wird das Sortiment so erweitert, dass ganz neue Geschäftsfelder entstehen, ohne dass ein Zusammenhang zum bisherigen Geschäft besteht (Meffert, Burmann & Kirchgeorg, 2000, S. 245).

Das Unternehmen „SUPPmart" möchte neben den Nahrungsergänzungsmitteln nun eine eigene Modemarke veröffentlichen und ist bereits in der Planung mit den Designs.

5 Literaturverzeichnis

Bea, F. X. & Haas, J. (2013). *Strategisches Management* (Grundwissen der Ökonomik: Betriebswirtschaftslehre, 6., vollständig überarbeitete Aufl.). Stuttgart: Lucius & Lucius.

Becker, J. (2013). *Marketing-Konzeption. Grundlagen des ziel-strategischen und operativen Marketing-Managements.* (10. Aufl.). München: Vahlen.

Bierking, K., Stadler, M. M. & Funck, H. (2002). *Coorporate Identity. Grundlagen, Funktionen, Fallbeispiele* (11., überarbeitet und aktualisierte Aufl.). München: Verlag Moderne Industrie.

Bruhn, M. (2005b). *Unternehmens- und Marketingkommunikation. Handbuch für ein integriertes Kommunikationsmanagement.* München: Vahlen.

DSSV Arbeitgeberverband Deutscher Fitness- und Gesundheits-Anlagen. (2019). *Eckdaten 2018 der deutschen Fitness-Wirtschaft.* Hamburg.

Esch, F.-R. (2019). Aufbau starker Marken durch integrierte Kommunikation. In F.-R. Esch (Hrsg.), *Handbuch Marktführung* (S. 909-938). Wiesbaden: Springer Gabler.

Freeletics GmbH (Hrsg.). (2018*). Erfolgsgeschichte: US Investoren kaufen Freeletics und investieren in Wachstum.* München. Zugriff am 21.01.2020. Verfügbar unter https://www.freeletics.com/en/press/wp-content/uploads/sites/24/2018/08/20180814_FreeleticsInvestment_Pressemitteilung_DE.pdf

Freeletics GmbH (2020). Zugriff am 21.01.2020. Verfügbar unter https://www.freeletics.com/de/

Kotler, P. & Bliemel, F. (2006). *Marketing-Management. Analyse, Planung und Verwirklichung* (10., überarbeitete und aktualisierte Aufl.). München: Pearson.

Kotler, P., Keller, K. L. & Opresnik, M. O. (2015*). Marketing-Management. Konzepte – Instrumente – Unternehmensfallstudien* (Pearson Studium – Economic BWL, 14., aktualisierte Auflage). Hallbergmoos: Pearson.

Kreuzer, R. T. (2019). Online-Marketing (2., überarbeitete und erweiterte Auflage). Wiesbaden: Springer Gabler.

Lammenett, E. (2017). Praxiswissen Online-Marketing. Affiliate- und E-Mail-Marketing, Suchmaschinenmarketing, Online-Werbung, Social Media, Facebook-Werbung (6.Auflage).

Meffert, H., Burmann, C. & Kirchgeorg, M. (Hrsg.). (2015). *Marketing. Grundlagen marketingorientierter Unternehmensführung Konzepte – Instrumente – Pra-*

xisbeispiele (12. Überarbeitet u. aktulaisierte Aufl. 2014). Wiesbaden: Springer Gabler.

Meffert, H., Burmann, C. & Kirchgeorg, M. (2000). Marketing. Grundlagen martorientierter Unternehmensführung; Konzepte -Instrumente – Praxisbeispiele (Meffert-Marketing-Edition, 9. Aufl.). Wiesbaden: Gabler.

Meffert, H. & Burmann, C. (1996*). Identitätsorientierte Markenführung – Grundlagen für das Management von Markenportfolios.* (Arbeitspapiere Nr. 100). Münster: Wissenschaftliche Gesellschaft für Marketing und Unternehmensführung e.V.

Nieschlag, R., Dichtl, E. & Hörschgen, H. (2002). Marketing (19., überarbeitet und ergänzte Aufl.). Berlin: Drucker & Humbolt.

Runtastics GmbH (2020). Zugriff am: 21.01.2020. Verfügbar unter https://www.runtastic.com/career/facts-about-runtastic/

Statista. (2019). *Häufigkeit der Nutzung von Sport- und Fitness-Apps in Deutschland 2018.* Zugriff am 20.01.2020. Verfügbar unter https://de.statista.com/statistik/daten/studie/597394/umfrage/nutzung-von-sport-und-fitness-apps-in-deutschland-haeufigkeit/

Statista. (2020). Anteil der Apps im App Store nach Kategorien im Januar 2020. Zugriff am 20.01.2020. Verfügbar unter https://de.statista.com/statistik/daten/studie/166976/umfrage/beliebteste-kategorien-im-app-store/

Weis, H. C. (2012). Marketing (Kompendium der praktischen Betriebswirtschaft, 16., verbesserte und aktualisierte Aufl.). Herne, Westf: NWB.

6 Tabellenverzeichnis